Gedankensplitter II

Veränderungen

22 Texte
22 Fotos

von W. Worm

Über die Autorin / über mich :

Ich wurde 1964 in Hamburg geboren,
dort lebe ich noch immer, denn
Hamburg ist eine wunderschöne Stadt.

Es ist einige Zeit vergangen, seitdem der erste Band
„Gedankensplitter: Die dunklen und die hellen Seiten des Alltags"
entstanden ist.

Die vielen großartigen Rückmeldungen und Anfragen, ob es eine Fortsetzung dazu gibt, haben mich bestärkt, weiter zu machen.
Danke dafür.

Wie auch im Band eins, habe ich auf der einen Seite die Fotos mit Texten und auf der anderen Seite die jeweiligen Texte, damit sie gut lesbar sind.

Achtung, es sind wieder einige sehr traurige Texte darunter. Aber so ist nun mal nach wie vor der größte Teil meines Lebens, auch wenn ich jeden Tag mit aller Kraft versuche, weiterhin die positiven Seiten des Lebens zu sehen, die es natürlich und zum Glück ebenfalls gibt.

Abweichend von Gedankensplitter Band eins, ist in diesem Band auch ein Bild einer anderen Künstlerin, und mir sehr lieben Facebook-Freundin, zu finden.
Ich durfte mir eines von ihr aussuchen,
und finde gerade bei diesem die Farbgebung schön und sehr passend.
Danke, Claudia Fabian.

WIDMUNG

Dieses Buch ist einigen ganz besonderen Leuten
gewidmet.

Wem?

Allen pflegenden Angehörigen dieser Welt, denen ich gleichzeitig viel Kraft
für den weiteren Weg wünsche.

Ich bin begeistert, was für eine Hilfsbereitschaft untereinander da ist.

Schön, dass es Euch gibt!

*Bibliografische Information der Deutschen Nationalbibliothek:
Die Deutsche Nationalbibliothek verzeichnet diese Publikation in der Deutschen Nationalbibliografie; detaillierte bibliografische Daten sind im Internet über http://dnb.dnb.de abrufbar.*

© 2015 Name des Autors/Rechteinhabers (Wiebke Worm)

Photos: **Wiebke Worm**
weitere Mitwirkende: Claudia Fabian (ein Bild)
Coverdesign: **Wiebke Worm** *(farbliche Abstimmung mit Michaela B.C., wie versprochen)*

Herstellung und Verlag: BoD – Books on Demand, Norderstedt
ISBN: 9783738614671

Inhalt

1	Müde	8
2	Deine Gesichter	12
3	Stärke	14
4	Träume	16
5	Nichts ist genug	18
6	Veränderungen	20
7	Stolz	22
8	Und wenn	24
9	Wärme	26
10	Auf der Bank	28
11	Aufwachen	30
12	Seelenqual	32
13	Termindruck	34
14	Erschöpfung	38
15	Freunde~Danke	40
16	Fehlende Kraft	42
17	Zerbrochenes Herz	44
18	Hoffnungsschimmer	46
19	Im Strudel gefangen	48
20	Immer	50
21	Glück	52
22	Kämpfen	54

Danksagung

Minizugabe – Wo sind sie hin?

Buchempfehlungen – meine Bücher

Jetzt wünsche ich Ihnen eine angenehme Lesezeit!

Wie auch bei Band eins hoffe ich, dass meine Texte, die aufgrund der Umstände oftmals eher traurig sind, berühren,
aber nicht wirklich traurig machen.

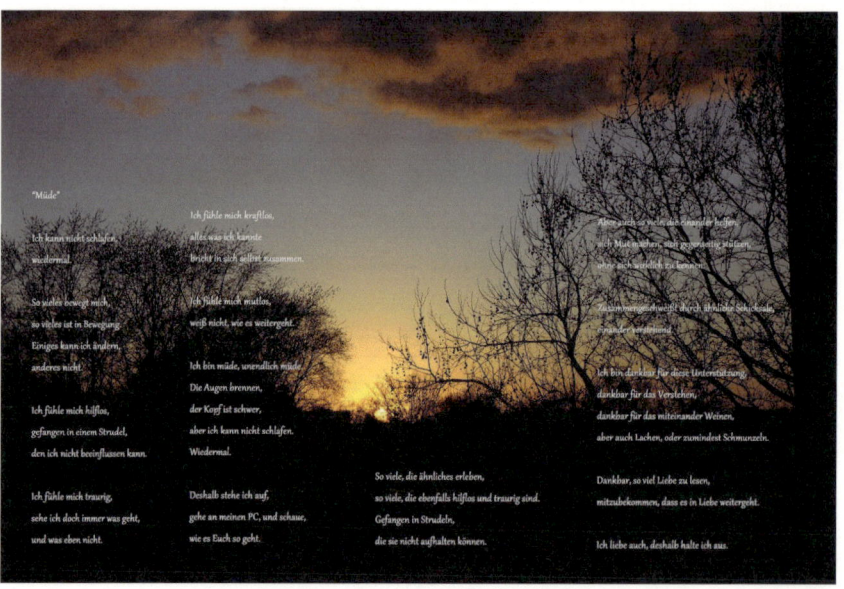

"Müde"

Ich kann nicht schlafen,
wiedermal.

So vieles bewegt mich,
so vieles ist in Bewegung.
Einiges kann ich ändern,
anderes nicht.

Ich fühle mich hilflos,
gefangen in einem Strudel,
den ich nicht beeinflussen kann.

Ich fühle mich traurig,
sehe ich doch immer was geht,
und was eben nicht.

Ich fühle mich kraftlos,
alles was ich kannte
bricht in sich selbst zusammen.

Ich fühle mich mutlos,
weiß nicht, wie es weitergeht.

Ich bin müde, unendlich müde.
Die Augen brennen,
der Kopf ist schwer,
aber ich kann nicht schlafen.
Wiedermal.

Deshalb stehe ich auf,
gehe an meinen PC, und schaue,
wie es Euch so geht.

So viele, die ähnliches erleben,
so viele, die ebenfalls hilflos und traurig sind.
Gefangen in Strudeln,
die sie nicht aufhalten können.

Aber auch so viele, die einander helfen,
sich Mut machen, sich gegenseitig stützen,
ohne sich wirklich zu kennen.

Zusammengeschweißt durch ähnliche Schicksale,
einander verstehend.

Ich bin dankbar für diese Unterstützung,
dankbar für das Verstehen,
dankbar für das miteinander Weinen,
aber auch Lachen, oder zumindest Schmunzeln.

Dankbar, so viel Liebe zu lesen,
mitzubekommen, dass es in Liebe weitergeht.

Ich liebe auch, deshalb halte ich aus.

"Deine Gesichter"

Ich kenne jedes Deiner Gesichter,

so wie Du meine.

Ich kenne Dein Gesicht, wenn Du lachst,

was inzwischen leider viel zu wenig passiert.

Ich kenne Dein Gesicht, wenn es vor Schmerz verkrampft ist,

was inzwischen leider viel zu oft passiert.

Ich kenne Dein Gesicht, wenn Du Dich wiedermal über etwas geärgert hast,

was inzwischen leider immer wieder vorkommt.

Ich kenne Dein Gesicht, wenn Du böse auf mich bist, oder auf andere, oder auf Dich,

was inzwischen leider immer wieder geschieht.

Ich kenne Dein Gesicht, wenn Du todunglücklich bist,

was inzwischen leider jeden Tag der Fall ist.

Ich kenne Dein Gesicht, wenn Du kämpfst,

was inzwischen zum Glück wieder hervor kommt.

Ich kenne Dein Gesicht, wenn Du mich liebevoll ansiehst,

was inzwischen leider viel zu selten erscheint,

aber wenn es da ist, gibt es mir Kraft.

"Deine Gesichter"

Ich kenne jedes Deiner Gesichter,
so wie Du meine.

Ich kenne Dein Gesicht, wenn Du lachst,
was inzwischen leider viel zu wenig passiert.

Ich kenne Dein Gesicht, wenn es vor Schmerz verkrampft ist,
was inzwischen leider viel zu oft passiert.

Ich kenne Dein Gesicht, wenn Du Dich wiedermal über etwas geärgert hast,
was inzwischen leider immer wieder vorkommt.

Ich kenne Dein Gesicht, wenn Du böse auf mich bist, oder auf andere, oder auf Dich,
was inzwischen leider immer wieder geschieht.

Ich kenne Dein Gesicht, wenn Du todunglücklich bist,
was inzwischen leider jeden Tag der Fall ist.

Ich kenne Dein Gesicht, wenn Du kämpfst,
was inzwischen zum Glück wieder hervor kommt.

Ich kenne Dein Gesicht, wenn Du mich liebevoll ansiehst,
was inzwischen leider viel zu selten erscheint,
aber wenn es da ist, gibt es mir Kraft.

"Stärke"

Du liegst neben mir,

bist erschöpft von den letzten Stunden.

Kannst kaum noch sprechen,

der Atem rasselt,

das Herz jagt.

Trotzdem lächelst Du mich an.

Ich liege neben Dir,

bin erschöpft von den letzten Stunden,

alles tut weh, möchte nur noch schlafen.

Deinem Herzschlag lauschend sehe Dich an,

erfreue mich an Deinem Lächeln.

Ich komme zur Ruhe,

genau wie Du.

Dein Arm hält mich,

noch immer tut alles weh,

noch immer bin ich unendlich müde.

Trotzdem lächle ich Dich an.

Die kurze Zeit der Ruhe gibt uns Kraft,

wir besinnen uns auf unsere Stärke.

Und stark sind wir,

alle beide,

jeder auf seine Art.

"Stärke"

Du liegst neben mir,
bist erschöpft von den letzten Stunden.
Kannst kaum noch sprechen,
der Atem rasselt,
das Herz jagt.

Trotzdem lächelst Du mich an.

Ich liege neben Dir,
bin erschöpft von den letzten Stunden,
alles tut weh, möchte nur noch schlafen.

Deinem Herzschlag lauschend sehe Dich an,
erfreue mich an Deinem Lächeln.

Ich komme zur Ruhe,
genau wie Du.

Dein Arm hält mich,
noch immer tut alles weh,
noch immer bin ich unendlich müde.

Trotzdem lächle ich Dich an.

Die kurze Zeit der Ruhe gibt uns Kraft,
wir besinnen uns auf unsere Stärke.

Und stark sind wir,
alle beide,
jeder auf seine Art.

Wir lächeln uns an,
vergessen alles um uns herum
und sind einen kurzen Moment glücklich.

"Träume"

Du träumst jede Nacht.

Nur im Traum fühlst Du Dich noch wohl,
bist in Deiner Welt.

Dort geht alles,
dort kannst Du lachen,
dort bin ich mit dabei,
dort sind wir glücklich,
dort möchtest Du bleiben.

Nur in Deinen Träumen lebst Du noch auf,
erlebst Dinge, die in der Realität nicht mehr gehen.

Deine Träume machen Dich traurig, wenn Du wach bist,
mich aber auch, wenn Du mir davon erzählst.

Ich träume nicht,
oder wenn,
dann erinnere ich mich nicht daran.

Ich schlafe kaum,
aber wenn,
dann immer mit einem offenen Auge.

Ich wache über Dich,
ich kann nicht anders.

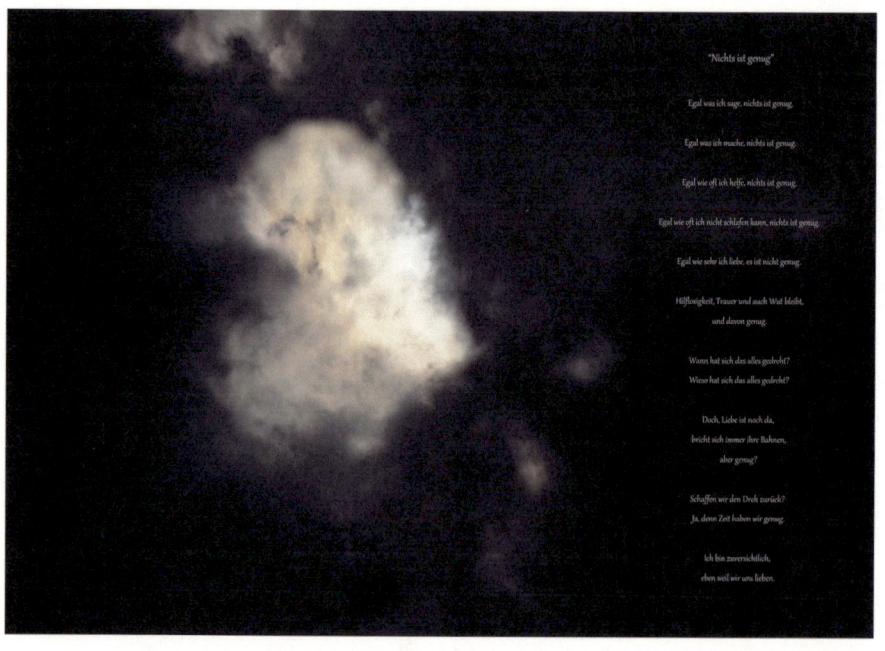

"Nichts ist genug"

Egal was ich sage,
nichts ist genug.

Egal was ich mache,
nichts ist genug.

Egal wie oft ich helfe,
nichts ist genug.

Egal wie oft ich nicht schlafen kann,
nichts ist genug.

Egal wie sehr ich liebe,
es ist nicht genug.

Hilflosigkeit, Trauer und auch Wut bleibt,
und davon genug.

Wann hat sich das alles gedreht?
Wieso hat sich das alles gedreht?

Doch, Liebe ist noch da,
bricht sich immer ihre Bahnen,
aber genug?

Schaffen wir den Dreh zurück?
Ja, denn Zeit haben wir genug.

Ich bin zuversichtlich,
eben weil wir uns lieben.

Voller Liebe war Dein Blick,
strahlend Dein Lächeln,
zart Dein Mund,
sanft Deine Hände.

Dann kam sie, die Zeit.
Eine Zeit, die jeder fürchtet,
die sich niemand wirklich vorstellen kann,
es sei denn, sie ist da.

Tägliche Qual,
täglicher Schmerz,
tägliche Hoffnung,
täglicher Verlust,
tägliche Angst
und wieder Schmerz.

Damit kamen die Veränderungen,
Veränderungen, die jeder fürchtet,
die man anfangs kaum sieht,
die sich niemand wirklich vorstellen kann,
es sei denn, sie sind da.

Voller Trauer ist Dein Blick,
gequält Dein Lächeln,
verkniffen Dein Mund,
zitternd Deine Hände.

Du denkst zurück an sie, die Zeit.
Eine Zeit, in der noch alles in Ordnung war,
nicht so voller Dornen.

© W. Wurm

"Veränderungen"

Voller Liebe war Dein Blick,
strahlend Dein Lächeln,
zart Dein Mund,
sanft Deine Hände.

Dann kam sie, *die* Zeit.
Eine Zeit, die jeder fürchtet,
die sich niemand wirklich vorstellen kann,
es sei denn, sie ist da.

Tägliche Qual,
täglicher Schmerz,
tägliche Hoffnung,
täglicher Verlust,
tägliche Angst
und wieder Schmerz.

Damit kamen *die* Veränderungen.
Veränderungen, die jeder fürchtet,
die man anfangs kaum sieht,
die sich niemand wirklich vorstellen kann,
es sei denn, sie sind da.

Voller Trauer ist Dein Blick,
gequält Dein Lächeln,
verkniffen Dein Mund,
zitternd Deine Hände.

Du denkst zurück an sie, *die* Zeit.
Eine Zeit, in der noch alles in Ordnung war,
nicht so voller Dornen.

"Stolz"

Ich sehe Dich an und bin so stolz.

Dein täglicher Kampf ist so schwer,
trotzdem gibst Du nicht wirklich auf.

Ab und zu lässt Du Dich hängen,
das darfst Du auch,
selbst wenn diese Zeiten besonders schwer sind.

Bisher schaffst Du es immer wieder,
aus den Tiefs heraus zu kommen.
Darauf könntest Du stolz sein,
bist es aber nicht.

Wenn Du wieder oben bist,
aber auch wenn Du noch unten feststeckst,
sage ich es Dir immer wieder.

Ich sehe Dich an und bin so stolz!
Eventuell kannst Du selber irgendwann sehen,
was für eine Leistung Du erbringst.

Ich hoffe es für Dich.

"Stolz"

Ich sehe Dich an und bin so stolz.

Dein täglicher Kampf ist so schwer,
trotzdem gibst Du nicht wirklich auf.

Ab und zu lässt Du Dich hängen,
das darfst Du auch,
selbst wenn diese Zeiten besonders schwer sind.

Bisher schaffst Du es immer wieder,
aus den Tiefs heraus zu kommen.
Darauf könntest Du stolz sein,
bist es aber nicht.

Wenn Du wieder oben bist,
aber auch wenn Du noch unten feststeckst,
sage ich es Dir immer wieder.

»Ich sehe Dich an und bin so stolz!«

Eventuell kannst Du selber irgendwann sehen,
was für eine Leistung Du erbringst.

Ich hoffe es für Dich.

Und wenn ..
.. Dein Kopf nach vorne sinkt,
ist dort meine Schulter, die Dich hält.

Und wenn ..
.. Du nicht mehr kannst,
bin ich da und passe auf Dich auf.

Und wenn ..
.. alles schlimm aussieht, und die Hoffnungslosigkeit durchbricht,
versuche ich, Dir Mut zu machen.

Und wenn ..
.. immer weniger alte Freunde da sind,
kommen trotzdem vereinzelt neue dazu, und das sind dann Freunde.

Und wenn ..
.. die Welt schrumpft und es immer beengter wird,
schaffen wir uns Freiräume, wo immer es geht,
und sind sie noch so klein.

Und wenn..
.. die Zeiten immer kürzer werden, in denen irgendetwas geht,
nutzen wir diese so gut wie möglich.

Und wenn ..
.. die Umstände noch so hart sind ..
.. wir haben uns, und das ist mehr, als andere haben.

© W. Worm

"Und wenn"

Und wenn ..
.. Dein Kopf nach vorne sinkt,
ist dort meine Schulter, die Dich hält.

Und wenn ..
.. Du nicht mehr kannst,
bin ich da und passe auf Dich auf.

Und wenn ..
.. alles schlimm aussieht, und die Hoffnungslosigkeit durchbricht,
versuche ich, Dir Mut zu machen.

Und wenn ..
.. immer weniger alte Freunde da sind,
kommen trotzdem vereinzelt neue dazu, und das sind dann Freunde.

Und wenn ..
.. die Welt schrumpft und es immer beengter wird,
schaffen wir uns Freiräume, wo immer es geht,
und sind sie noch so klein.

Und wenn..
.. die Zeiten immer kürzer werden, in denen irgendetwas geht,
nutzen wir diese so gut wie möglich.

Und wenn ..
.. die Umstände noch so hart sind ..
.. wir haben uns, und das ist mehr, als andere haben.

"Wärme"

Wann immer ich Dich anschaue,
wird mir innerlich warm.
Ein schönes Gefühl!

Wann immer ich in der Sonne sitze,
wird mir äußerlich warm.
Ein schönes Gefühl,
bis es zu viel wird.

Deine Liebe wird mir nicht zu viel,
im Gegenteil,
ich sonne mich in ihr.
Jeden Tag, und wann immer es geht.

"Auf der Bank"

Es ist Herbst, das ist nicht zu verkennen.

Die Farben sind leuchtend, egal wo man hinschaut.

Ich sitze hier, allein auf einer Bank.

Genieße den Moment der Ruhe, den Duft der nassen Blätter, das leise Rascheln, wenn diese ihren Flug durch die Lüfte beenden, und sanft auf dem feuchten Boden aufkommen.

Trotzdem bin ich traurig.

All diese Schönheit rundherum, aber innen ist es anders.

Es war einmal..., aber so fangen nur Märchen an.

Es ist Herbst, das ist eine Tatsache.

Es wird nicht mehr …, ist wohl bittere Realität.

"Aufwachen"

Und ist der Sonnenaufgang noch so schön.

Aufwachen bedeutet Schmerz,
jeden Morgen.

Aufwachen bedeutet Kampf,
jeden Tag.

Aufwachen bedeutet Trauer,
jede Minute.

Aufwachen bedeutet Realität,
die Träume sind vorbei.

"Seelenqual"

Und wenn die Seelenqual noch so groß ist,
versuche, etwas Licht ins Dunkle zu lassen.

Drehe Dich der Sonne zu,
so wie eine Blume,
die Sonnenstrahlen empfängt,
und dabei aufblüht.

Terminbuch,
wer kennt ihn nicht?
Früher hat mir das nicht viel ausgemacht,
heute stresst mich schon ein Termin am Tag.
Warum?

Telefonanrufe,
wer hat sie nicht?
Früher habe ich gerne telefoniert und viel,
heute habe ich oftmals keine Lust dafür.
Warum?

Briefe,
wer bekommt sie nicht?
Früher hatte ich viele Briefe, war neugierig,
habe sie sofort geöffnet.
Heute schleiche ich um sie herum, manchmal tagelang.
Warum?

Formulare,
wer hasst sie nicht?
Früher waren es nicht so viele,
da war es nicht schön, aber zu schaffen.
Heute sind es viele und für jeden Zweck eines,
das ist mitunter und manchmal zu viel.
Warum?

Freie Zeit,
wer braucht sie nicht?
Früher hatte man sie eben,
da war es schön, aber auch normal.
Heute gibt es sie kaum noch,
wenn überhaupt, dann immer eingeschränkt.
Warum?

Pflege,
wer hat sie nötig?
Früher haben wir darüber nicht nachgedacht,
so war es eben.
Heute ist sie unser Leben.
Warum?

Weil ich lebe, früher und auch heute.
Darum!

© W. Wern

"Termindruck"

Termindruck,
wer kennt ihn nicht?
Früher hat mir das nicht viel ausgemacht,
heute stresst mich schon ein Termin am Tag.
Warum?

Telefonanrufe,
wer hat sie nicht?
Früher habe ich gerne telefoniert und viel,
heute habe ich oftmals keine Luft dafür.
Warum?

Briefe,
wer bekommt sie nicht?
Früher hatte ich viele Briefe, war neugierig,
habe sie sofort geöffnet.
Heute schleiche ich um sie herum, manchmal tagelang.
Warum?

Formulare,
wer hasst sie nicht?
Früher waren es nicht so viele,
da war es nicht schön, aber zu schaffen.
Heute sind es viele und für jeden Zweck eines,
das ist mühsam und manchmal zu viel.
Warum?

Freie Zeit,
wer braucht sie nicht?
Früher hatte man sie eben,
da war es schön, aber auch normal.
Heute gibt es sie kaum noch,
wenn überhaupt, dann immer eingeschränkt.
Warum?

Pflege,
wer hat sie nötig?
Früher haben wir darüber nicht nachgedacht,
so war es eben.
Heute ist sie unser Leben.
Warum?

Weil ich liebe, früher und auch heute.
Darum!

Erschöpfung

Eigentlich sollte ich jetzt aufräumen,
aber es ist alles so schwer.
Somit liege ich einfach nur.
Denke nach, grüble und frage mich,
warum ich die einfachsten Dinge nicht mehr schaffe.

Schon allein diese Überlegungen
zeigen sie doch, was alles ansteht,
zeigen sie mir, wie wenig ich hinbekomme,
zeigen sie insgesamt, was verkehrt ist.
Ich mache lieber die Augen zu.

Die Gedanken hören nicht auf,
spielen verrückt.
Ich weiß, ich sollte jetzt aufstehen,
aber wenn ich es mache, merke ich,
wie mich alles anstrengt.
Ich lasse lieber die Augen zu,
liege einfach nur da.

Ich bin so kaputt,
Tränen der Erschöpfung.
So geht das nicht, das ist mir klar.
Wie geht es dann?

Augen auf,
Tränen wegwischen,
weitermachen.

Irgendwie funktioniert es,
bis ich mich wieder hinlege.

© W. Worm

"Erschöpfung"

Eigentlich sollte ich jetzt aufräumen,
aber es ist alles so schwer.
Somit liege ich einfach nur da.
Denke nach, grüble und frage mich,
warum ich die einfachsten Dinge nicht mehr schaffe.

Schon allein diese Überlegungen machen kaputt,
zeigen sie doch, was alles ansteht,
zeigen sie mir, wie wenig ich hinbekomme,
zeigen sie insgesamt, was verkehrt ist.
Ich mache lieber die Augen zu.

Die Gedanken hören nicht auf,
spielen verrückt.
Ich weiß, ich sollte jetzt aufstehen,
aber wenn ich es mache, merke ich,
wie mich alles anstrengt.
Ich lasse lieber die Augen zu,
liege einfach nur da.

Ich bin so kaputt,
Tränen der Erschöpfung.
So geht das nicht, das ist mir klar.
Wie geht es dann?

Augen auf,
Tränen wegwischen,
weitermachen.
Irgendwie funktioniert es,
bis ich mich wieder hinlege.

Freunde

Ich sitze hier am PC, und schaue auf den Bildschirm.
So viele Freunde, so viele Bekannte,
einige davon noch ON.

Viele begleiten mich seit längerer Zeit,
andere lerne ich gerade kennen,
einige wenige sind schon wieder verschwunden.

Ein Paar, nein, sogar recht viele
kenne ich außerhalb des Internets,
andere sind mir hier ans Herz gewachsen.

Tolle Leute?
Aber sicher doch,
sonst hätte ich sie nicht in meiner Freundesliste.

Austausch,
ein Geben und Nehmen,
ein Miteinander.

Es ist alles dabei,
Kummer und Sorge,
aber auch Freude und Glück.

Anspann und Kraft
sehe ich immer wieder.
Wir kennen voneinander, miteinander.

Es steckt noch so viel mehr dahinter,
als ich jemals in Worte fassen kann,
aber ein Wort kann ich jederzeit schreiben und sagen.

„DANKE"

Danke, dass es Euch gibt,
Ihr bereichert meine Tage!
© W. Worm

"Freunde"

Ich sitze hier am PC, und schaue auf den Bildschirm.
So viele Freunde, so viele Bekannte,
einige davon noch ON.

Viele begleiten mich seit längerer Zeit,
andere lerne ich gerade kennen,
einige wenige sind schon wieder verschwunden.

Ein Paar, nein, sogar recht viele
kenne ich außerhalb des Internets,
andere sind mir hier ans Herz gewachsen.

Tolle Leute?
Aber sicher doch,
sonst hätte ich sie nicht in meiner Freundesliste.

Austausch,
ein Geben und Nehmen,
ein Miteinander.
Es ist alles dabei,
Kummer und Sorge,
aber auch Freude und Glück.

Ansporn und Kraft
sehe ich immer wieder.
Wir lernen voneinander, miteinander.

Es steckt noch so viel mehr dahinter,
als ich jemals in Worte fassen kann,
aber ein Wort kann ich jederzeit schreiben und sagen:
„DANKE"

Danke, dass es Euch gibt,
Ihr bereichert meine Tage!

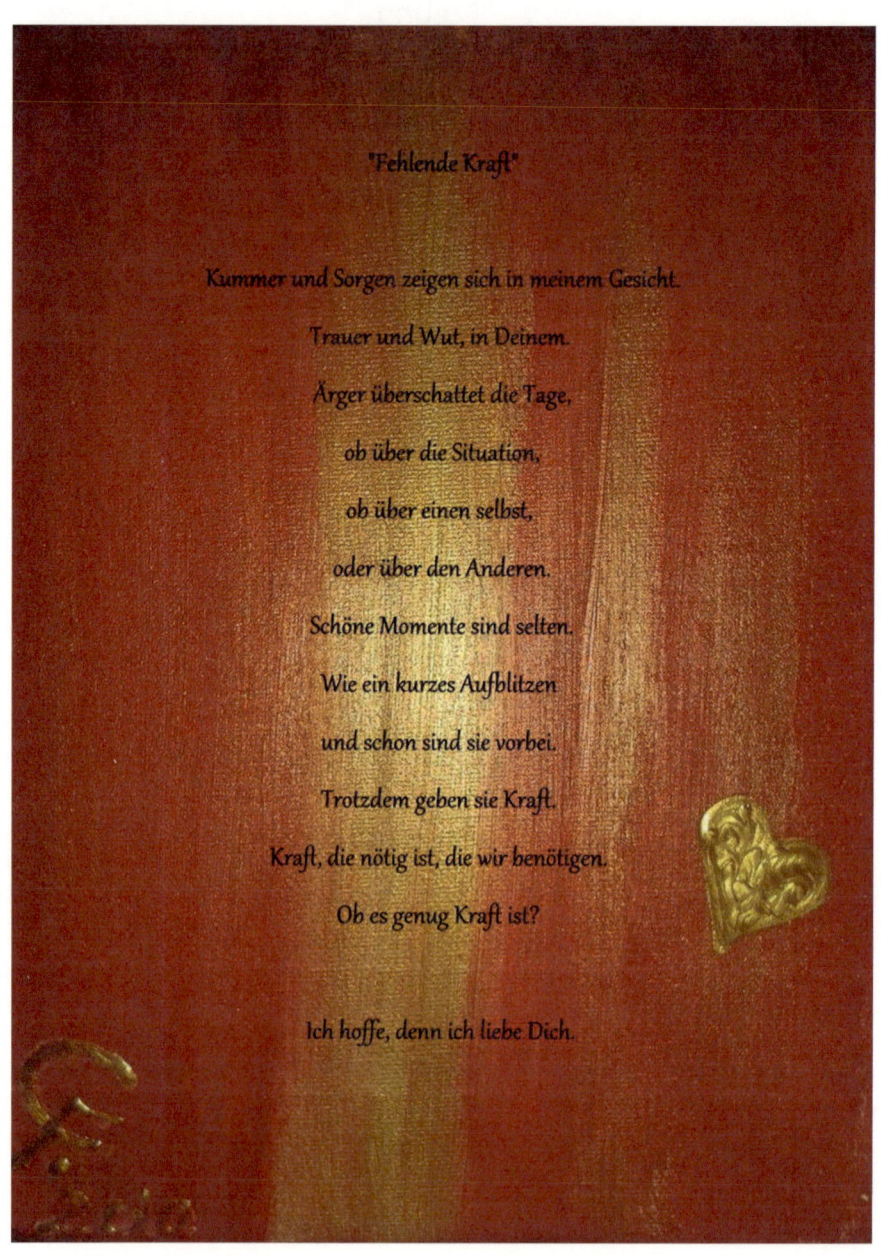

"Fehlende Kraft"

Kummer und Sorgen zeigen sich in meinem Gesicht.

Trauer und Wut, in Deinem.

Ärger überschattet die Tage,

ob über die Situation,

ob über einen selbst,

oder über den Anderen.

Schöne Momente sind selten.

Wie ein kurzes Aufblitzen

und schon sind sie vorbei.

Trotzdem geben sie Kraft.

Kraft, die nötig ist, die wir benötigen.

Ob es genug Kraft ist?

Ich hoffe, denn ich liebe Dich.

"Fehlende Kraft"

Kummer und Sorgen zeigen sich in meinem Gesicht.
Trauer und Wut, in Deinem.

Ärger überschattet die Tage,
ob über die Situation,
ob über einen selbst,
oder über den Anderen.

Schöne Momente sind selten.

Wie ein kurzes Aufblitzen
und schon sind sie vorbei.

Trotzdem geben sie Kraft.

Kraft, die nötig ist, die wir benötigen.

Ob es genug Kraft ist?

Ich hoffe, denn ich liebe Dich.

(Als Hintergrund für diesen Text durfte ich eine Zeichnung der Künstlerin
Claudia Fabian verwenden.
Vielen Dank, liebe Claudia, auch solche Angebote sind Kraftquellen!)

Wie oft kann ein Herz brechen,
in wie viele Stücke zerfallen?

Eine Antwort habe ich nicht,
ich weiß aber, mehrfach, immer wieder
und in viele Teile.

Selbst wenn man meint es geht nicht mehr,
bricht ein Stück weg und es tut weh.

Heilt ein Herz zwischendurch,
erholt es sich in guten Zeiten?

Muss es ja.
Auch wenn eine richtige Heilung nicht mehr möglich ist,
erholt es sich bestimmt, obwohl die Brüche Narben hinterlassen.
Sonst würde es doch gar nicht mehr weitergehen.

Was aber tun, wenn die guten Zeiten,
die Zeiten der Erholung weniger werden?

Sich auf die kurzen schönen Momente konzentrieren,
diese festhalten, wo es nur geht, mit aller Kraft.

Manches Mal kommen unverhoffte schöne Ereignisse,
die bringen schneller Erholung,
halten zerbrochene Stücke zusammen,
wie ein großes Pflaster.

Bis das nächste Stück zerbricht.

Wie oft?

Die Antwort kennt niemand.
(© W. Worm)

"Zerbrochenes Herz"

Wie oft kann ein Herz brechen,
in wie viele Stücke zerfallen?

Eine Antwort habe ich nicht,
ich weiß aber, mehrfach,
immer wieder
und in viele Teile.

Selbst wenn man meint es geht nicht mehr,
bricht ein Stück weg und es tut weh.

Heilt ein Herz zwischendurch,
erholt es sich in guten Zeiten?

Muss es ja.
Auch wenn eine richtige Heilung nicht mehr möglich ist,
erholt es sich bestimmt, obwohl die Brüche Narben hinterlassen.
Sonst würde es doch gar nicht mehr weitergehen.

Was aber tun, wenn die guten Zeiten,
die Zeiten der Erholung weniger werden?

Sich auf die kurzen schönen Momente konzentrieren,
diese festhalten, wo es nur geht, mit aller Kraft.

Manches Mal kommen unverhoffte schöne Ereignisse,
die bringen schneller Erholung,
halten zerbrochene Stücke zusammen,
wie ein großes Pflaster.

Bis das nächste Stück zerbricht.

Wie oft? Die Antwort kennt niemand.

"Hoffnungsschimmer"

Ein Hoffnungsschimmer,
so schmal, wie ein dünnes Stahlseil.

Genau so haltbar?

Ich weiß es nicht.

Aber versuche es,
und halte mich daran fest!

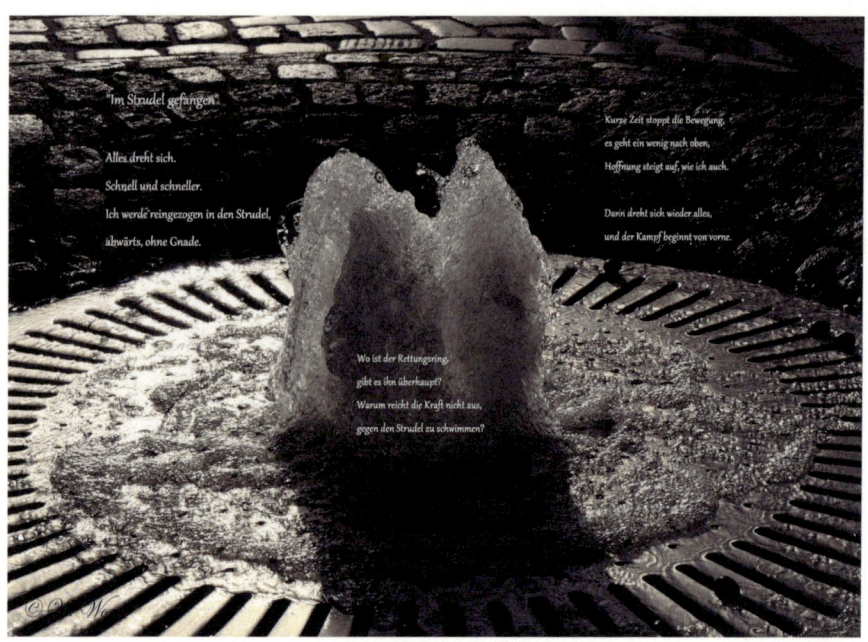

"Im Strudel gefangen"

Alles dreht sich.
Schnell und schneller.
Ich werde reingezogen in den Strudel,
abwärts, ohne Gnade.

Wo ist der Rettungsring,
gibt es ihn überhaupt?
Warum reicht die Kraft nicht aus,
gegen den Strudel zu schwimmen?

Kurze Zeit stoppt die Bewegung,
es geht ein wenig nach oben,
Hoffnung steigt auf, wie ich auch.

Dann dreht sich wieder alles,
und der Kampf beginnt von vorne.

"Immer"

Immer wenn ich Dich ansehe, erfüllt mein Herz sich mit Freude

Immer wenn ich Dich ansehe, zerspringt mein Herz vor Trauer

Immer wenn ich Dich ansehe, erglüht mein Herz voller Liebe

Und trotzdem wünschte ich, es wäre fast alles anders.

"Glück"

Glück bedeutet für mich:

Deine Nähe zu spüren.
Dein Lächeln zu sehen.

Der Austausch mit lieben Menschen.

Die Schönheit der Natur zu genießen.
Die Wärme der Sonne zu fühlen.

Zu Fotografieren.
Zu Lesen.
Zu Schreiben.
Zu Zeichnen.

Mein Glück zu teilen!

"Kämpfen"

Wenn ich zusehe wie du kämpfst,
kommen mir die Tränen.

Es kostet dich so viel Kraft,
Kraft, die eigentlich nicht mehr vorhanden ist.
Ein täglicher Kampf, der so gemein ist,
der dich erschöpft,
trotzdem machst du weiter.

Es kostet mich so viel Kraft,
Kraft, die immer mehr verschwindet.
Zuschauen zu müssen ist so grausam,
Hilflosigkeit ist es, die mich erschöpft,
trotzdem mache ich weiter.

Oftmals dränge ich meine Tränen zurück,
möchte stark bleiben für dich,
weine dann still und leise in mich rein.

Manchmal schaffe ich es nicht,
dann laufen sie runter, die Tränen.
Bei dir laufen sie nicht,
das lässt du nicht zu!

Täte es dir gut?
Ich weiß es nicht.
Tut es mir gut?
Auch das weiß ich nicht,
darüber nachzudenken erschöpft viel zu viel.

Ich wünschte, ich könnte ...
aber ich kann leider nicht.

Ach, wenn doch ...
aber es ist leider nicht.
© W. Worm

"Kämpfen"

Wenn ich zusehe wie du kämpfst,
kommen mir die Tränen.

Es kostet dich so viel Kraft,
Kraft, die eigentlich nicht mehr vorhanden ist.
Ein täglicher Kampf, der so gemein ist,
der dich erschöpft,
trotzdem machst du weiter.

Es kostet mich so viel Kraft,
Kraft, die immer mehr verschwindet.
Zuschauen zu müssen ist so grausam,
Hilflosigkeit ist es, die mich erschöpft,
trotzdem mache ich weiter.

Oftmals dränge ich meine Tränen zurück,
möchte stark bleiben für dich,
weine dann still und leise in mich rein.

Manchmal schaffe ich es nicht,
dann laufen sie runter, die Tränen.
Bei dir laufen sie nicht,
das lässt du nicht zu!

Täte es dir gut?
Ich weiß es nicht.
Tut es mir gut?
Auch das weiß ich nicht!

Darüber nachzudenken erschöpft viel zu viel.

Ich wünschte, ich könnte …
aber ich kann leider nicht.

Ach, wenn doch …
aber es ist leider nicht.

SO, HIER ENDEN MEINE ZWEITEN „GEDANKENSPLITTER"

Wenn Ihnen die Texte gefallen haben, besuchen Sie mich, oder folgen Sie mir gerne auf Facebook unter:

www.facebook.com/realsilverstar

dort finden Sie immer mal wieder neue „Gedankensplitter", aber auch Updates zu anderen Projekten.

Oder schauen Sie auf meine Homepage:

www.wiebke-worm-art.de

über nette Einträge im Gästebuch freue ich mich jederzeit ☺.

DANKSAGUNG

Ich danke meinem Mann dafür, dass er mich unterstützt, soweit er kann, und auch dafür, dass er immer noch an meiner Seite ist.

Ich danke meinen Eltern und meiner Schwiegermutter, weil sie trotz aller Umstände ebenfalls an meine Kreativität glauben.

Ich danke meinen Testlesern, insbesondere Michaela und Stefi, die mir gnadenlos meine Fehler vor Augen halten. Das ist aber auch gut so und gewollt, denn ich weiß ja was ich schreibe, und damit kann ich dann eben leider auch mal kleine Fehler überlesen, oder sehe sie erst zu spät. In diesem Zusammenhang auch ein Dank an Bianca! Danke, dass Du mir immer „ein Auge leihst", wenn ich es benötige.

Ich danke meinen Fans (ja, ich bin selber ganz begeistert, dass ich welche habe ;)), die schon mehrfach gefragt haben, wann denn endlich Band zwei auf den Markt kommt.
Ihr habt mich damit stark motiviert, weiterzumachen.
Danke!

Zuletzt danke ich allen Lesern, ohne die auch dieses Buch natürlich nicht funktioniert.

Eure / Ihre
Wiebke Worm

"Wo sind sie hin?"

(Minizugabe)

Wo sind sie hin, die guten Freunde?

Sie sind noch da!

Nur alle anderen sind inzwischen verschwunden.

Buchempfehlungen:

Von mir sind bisher verschiedene Bücher zu erhalten.
Bis auf „Das Ritual des Stalkers", welches unter dem Pseudonym R.S. Star geschrieben wurde, findet man alle über meine Autorenseite bei Amazon:

http://www.amazon.de/Wiebke-Worm/e/B00VIVG77U

Band 1:
„Gedankensplitter: Die dunklen und die hellen Seiten des Alltags"

.. auch auf Englisch unter:
„Fragments of Thought: The dark and the bright sides of every day"

Etwas ganz anderes sind meine Weihnachts-Kurzgeschichten.

Ein außergewöhnlicher »Adventskalender zum Lesen« mit 24 Kurzgeschichten für Groß und Klein.

Erleben Sie ein Abenteuer der Familie Maus, lassen Sie sich von Schneeflocken durch die Lüfte tragen und von Elfen verzaubern, oder feiern Sie mit Teddy und den Tieren des Waldes Weihnachten.

Verkürzen Sie sich die Wartezeit bis zum Fest und genießen Sie jeden Tag ein Stück Vorfreude.

Auch als :

Die Bücher, für die ich illustrieren dufte, möchte ich nicht vorenthalten:

Es fing an mit Bibi Rend's Weihnachtsgeschichten (.. sie hat mich einfach ins kalte Wasser geschmissen, danke dafür Bibi ;)).

Zu finden über meine Autorenseite bei Amazon,
oder über:

www.bibi-rend.de
~~

Es folgte die Illustration für eine Kurzgeschichte, herausgegeben von Ellie Engel zum Welttag des Buches 2015
„Rabrax vom Lilarabenstein – der große Appetit"

Mehr zu Rabrax und Ellie der Hexe hier:
http://www.ellieengel.de/

Dann kamen Illustrationen für das erste Kinderbuch von *Nicole Beisel*. Einer jungen Autorin, die schon einige Bücher geschrieben hat, aber bis dahin eben noch kein Kinderbuch.

„Rolfi und die lange, rote Leine"

Ihre Homepage findet man hier:
www.beisel-books.de

Ich danke allen drei Autorinnen für ihr Vertrauen und die wunderbare Zusammenarbeit.